Este livro pertence a

_____

eu, que tanto amo Nossa Senhora

e a honro, rezando o Santo Terço.

PADRE ANTONIO MARIA

Com o
Terço na Mão

EDITORA
SANTUÁRIO

Direção editorial:
Pe. Fábio Evaristo R. Silva, C.Ss.R.
Pe. José Luís Queimado, C.Ss.R.

Conselho editorial:
Cláudio Anselmo Santos Silva, C.Ss.R.
Edvaldo Manoel Araújo, C.Ss.R.
Ferdinando Mancilio, C.Ss.R.
Gilberto Paiva, C.Ss.R.
Marco Lucas Tomaz, C.Ss.R.
Victor Hugo Lapenta, C.Ss.R.

Coordenação editorial e revisão:
Ana Lúcia de Castro Leite

Projeto gráfico, diagramação e capa:
José Antonio dos Santos Junior

ISBN 978-65-5527-255-0

5ª impressão

Todos os direitos reservados à **EDITORA SANTUÁRIO** – 2024

Rua Pe. Claro Monteiro, 342 – 12570-045 – Aparecida-SP
Tel.: 12 3104-2000 – Televendas: 0800 016 00 04
www.editorasantuario.com.br
vendas@editorasantuario.com.br

CARTA DO
Padre Antonio Maria

Meu irmão e minha irmã!

Este livro, que você tem agora em suas mãos, é mais um presente de nossa querida Mãe Aparecida. Ela quer ajudar-nos, com este livro, a rezar mais e melhor o terço.

Este livro quer incentivar-nos a dizer, com mais entusiasmo ainda: "Com o terço na mão, com Jesus e Maria no coração, sigamos no caminho da salvação!"

Tenho dito, muitas vezes, que o Terço de Aparecida é a coroação de meu sacerdócio. Em meus 46 anos de padre, dediquei-me bastante à evangelização, por meio do canto. Tenho ouvido, aqui e ali, pessoas que me dizem: "Embalei meus filhos com a música da Ovelhinha". "Enfrentei meu câncer com o senhor cantando 'Cura, Senhor'." "Passei por momentos de muita angústia, e o que me ajudou foi seu canto 'Noites Traiçoeiras'." Já ouvi de vários padres: "Hoje, sou padre, e agradeço muito ao senhor. Seu canto 'Padre quer dizer pai' ajudou-me a discernir minha vocação e, hoje, me inspira e ajuda muito em meu caminho sacerdotal".

Essas declarações alegram muito meu coração. São a confirmação de que estou no caminho certo, evangelizando do jeito que Deus pensou para mim. Mas com o Terço de

Aparecida acontece algo mais maravilhoso ainda, porque, por toda parte por onde vou, ouço centenas e centenas de pessoas dizendo: "Rezo o terço todos os dias com o senhor na TV Aparecida", e o dizem com um entusiasmo contagiante. Recebo inúmeros testemunhos: "O Terço de Aparecida transformou minha família!" "O Terço de Aparecida curou-me de uma enfermidade séria." "O Terço de Aparecida é algo muito sagrado para mim... não perco por nada." Muitos falam de curas interiores, de conversões. Recebo vídeos interessantíssimos, que retratam crianças rezando o Terço de Aparecida. É tão bonito ver os pequeninos com os olhos fixos na telinha; não se distraem. Gostam de verdade de rezar o terço. Uma senhora mandou-me uma mensagem e um vídeo de seu gatinho, postado diante da TV, como se estivesse também rezando... E ela dizia: "É só ele ouvir que começou o terço, corre para a sala e fica de olho vidrado na TV".

Em muitas missas, que celebro por este Brasil afora, quando distribuo a comunhão e digo: "O corpo de Cristo", algumas pessoas sentem a necessidade de me dizer, antes de responder com o amém prescrito: "Padre, rezo o terço todos os dias com o senhor pela TV Aparecida! Amém!"

É realmente um grande presente de Deus, em minha caminhada de padre, saber que milhares e milhares de pessoas, donas de casa, empresários, simples trabalhadores, bispos, padres, religiosos, religiosas, enfermos nos hospitais, rezam o terço, meditando os mistérios de nossa redenção, homenageando a "Bendita entre as mulheres", fazendo parte das gerações que a chamarão "Bem-aventurada".

O testemunho de muitos santos confirma-nos a graça, a bênção, a riqueza e o privilégio que é rezar o terço; o papa São João Paulo II diz: "O terço é minha oração predileta. A todos exorto, cordialmente, que o rezem".

São do papa São Pio X as seguintes palavras: "O Rosário é a mais bela de todas as orações, a mais rica em graças e a que mais agrada à Santíssima Virgem. Os erros modernos serão destruídos pelo Rosário. Dai-me um exército que reze o Rosário e vencerei o mundo". Por isso São Miguel Febres dizia: "Um cristão sem Rosário é um soldado sem armas".

Santa Teresinha do Menino Jesus lembrava que, "pelo Rosário, podemos tudo alcançar". Segundo uma bela comparação, é uma longa cadeia, que liga o céu e a terra. Uma das extremidades está entre nossas mãos, a outra nas da Santíssima Virgem. "Enquanto o Rosário é rezado, Deus não poderá abandonar o mundo, pois essa oração é poderosa em seu coração."

Santo Afonso Maria de Ligório, fundador dos nossos queridos Missionários Redentoristas, guardiões do Santuário Nacional, da TV e da Rádio Aparecida, dizia: "Entre todas as homenagens que se devem à Mãe de Deus, não conheço nenhuma mais agradável que o Rosário".

São João Bosco afirmava: "Todas as minhas obras e trabalhos têm como base a missa e o Rosário".

São Padre Pio aconselhava: "Amai Nossa Senhora e tornai-a amada. Rezai sempre seu Rosário e divulgai-o. O Rosário é a arma para estes tempos".

Teríamos, de muitos outros santos e santas, belíssimas afirmações sobre a reza do terço, mas frente a todas elas, não há palavra mais forte e valiosa do que aquela pronunciada, em Fátima, por nossa querida Mãe Santíssima: "Rezem o terço todos os dias, para alcançarem a paz para o mundo e o fim da guerra". Não precisamos de mais nada, meu irmão e minha irmã. É a Mãe quem nos pede. Parafraseando suas palavras, ditas ao Anjo Gabriel na Anunciação, digamos então a Ela: "Mãe, faça-se em mim segundo a tua palavra!"

Querido leitor, querida leitora, de coração, desejo que faça bom proveito deste livro. Que ele seja uma bênção para todos que o tiverem consigo. Aqui fico dizendo a você o que digo todos os dias, no Terço de Aparecida, ao despedir-me: "Meu irmão e minha irmã, que Nossa Senhora os acompanhe, em todos os caminhos da vida, e até amanhã, no Terço de Aparecida!"

Padre Antonio Maria

SUMÁRIO

Introdução 13
Para todos os dias 17
Como rezar o Terço 19

Mistérios gozosos *(Segundas-feiras e sábados)* 21
1º mistério: Anunciação do Anjo a Maria 23
2º mistério: Maria visita sua prima Isabel 24
3º mistério: Nascimento de Jesus 25
4º mistério: Apresentação de Jesus no templo 26
5º mistério: Perda e encontro de Jesus no templo 27

Mistérios dolorosos *(Terças e sextas-feiras)* 29
1º mistério: Agonia de Jesus no Horto das Oliveiras ...31
2º mistério: Flagelação de Jesus 32
3º mistério: Jesus é coroado com espinhos 33
4º mistério: Jesus carrega a cruz 34
5º mistério: Crucificação e morte de Jesus 35

Mistérios gloriosos *(Quartas-feiras e domingos)* 37
1º mistério: Ressurreição de Jesus 39
2º mistério: Ascensão de Jesus ao céu 40
3º mistério: Vinda do Espírito Santo 41
4º mistério: Assunção de Maria ao céu 42
5º mistério: Coroação de Nossa Senhora no céu 43

Mistérios luminosos *(Quintas-feiras)* 45
1º mistério: Batismo no Rio Jordão 47
2º mistério: Autorrevelação de Jesus nas Bodas de Caná ...48
3º mistério: Jesus anuncia o Reino de Deus 49
4º mistério: Transfiguração de Jesus 50
5º mistério: Instituição da Eucaristia 51

Orações para várias ocasiões 53
Intenções de oração e agradecimentos 59
Diário Espiritual 77

ORAÇÃO

Conheça a oração mais antiga de Nossa Senhora-Rainha dos Céus. No ano de 1927, no Egito, foi encontrado um fragmento de papiro, que remonta ao século III. Nesse fragmento, estava escrito:

À VOSSA PROTEÇÃO
(SUB TUUM PRAESIDIUM)

À vossa proteção, recorremos, Santa Mãe de Deus. Não desprezeis as nossas súplicas em nossas necessidades, mas livrai-nos sempre de todos os perigos, ó Virgem gloriosa e bendita! Amém.

INTRODUÇÃO

"O Rosário, de fato, ainda que caracterizado por sua fisionomia mariana, em seu âmago é oração cristológica. Na sobriedade de seus elementos, concentra a profundidade de toda a mensagem evangélica, da qual é quase um compêndio. Nele ecoa a oração de Maria, seu perene Magnificat pela obra da Encarnação redentora, iniciada em seu ventre virginal. Com ele, o povo cristão frequenta a escola de Maria, para deixar-se introduzir na contemplação da beleza do rosto de Cristo e na experiência da profundidade de seu amor. Mediante o Rosário, o crente alcança a graça em abundância, como se a recebesse das mesmas mãos da Mãe do Redentor."

Essas profundas palavras do Papa São João Paulo II, em sua Carta Apostólica, de 2002, *Rosarium Virginis Mariae*, incentivam-nos a buscar forças para nossa vida cristã nessa devoção antiquíssima da Igreja. Frequentando a *escola de Maria*, contemplaremos mais profundamente o rosto de Jesus, o centro de nossa fé. Ao rezar o Santo Terço, precisamos meditar demoradamente os Mistérios da vida de Jesus e de Maria, pois são eles que nos darão uma maior consciência dos Mistérios de nossa Salvação.

Afirmava o Papa São Paulo VI: "Sem contemplação, o Rosário é um corpo sem alma e sua recitação corre o perigo de tornar-se uma repetição mecânica de fórmulas e de vir a achar-se em contradição com a advertência de Jesus: 'Na oração, não sejais palavrosos como os gentios, que imaginam que hão de ser ouvidos graças à sua verbosidade' (Mt 6,7). Por sua natureza, a recitação do Rosário requer um ritmo tranquilo e certa demora a pensar, que favoreçam, naquele que ora, a meditação dos mistérios da vida do Senhor, vistos por meio do Coração daquela que mais de perto esteve em contato com o mesmo Senhor, e que abram o acesso a suas insondáveis riquezas".

A história do Rosário é formada por um rico processo de evolução. Há registros de objetos usados para demarcar o número de orações desde os padres do deserto. Esses usavam pedrinhas dentro de um jarro de cerâmica para contar as rezas recitadas. Na época dos monastérios, os monges começaram a usar cordas com determinados números de nós para contar os salmos. Era costume recitar o saltério durante o dia, ou seja, rezar os 150 salmos da Bíblia. Com o tempo, os leigos campesinos foram imitando o jeito de rezar dos monges, mas em vez de recitar os 150 salmos, rezavam 150 Pai-nossos, visto não serem iniciados na arte da leitura.

O Pai-nosso era uma oração bem difundida entre os cristãos de todos os níveis sociais desde o I século. A oração é registrada no Evangelho de Mateus e de Lucas. No final do século I, pode-se ler em um dos documentos mais antigos da Igreja, chamado *Didaqué* ou *Ensinamento dos Doze Apóstolos*, que os cristãos tinham o costume de recitar a Oração do Senhor três vezes ao dia.

A devoção à Virgem Maria se iniciou muito cedo na Igreja. Há registros de culto mariano nos afrescos de várias catacumbas romanas, que remontam ao terceiro século de nossa era, muito antes do Concílio de Éfeso, de 431, que veio a declarar oficialmente que Maria era Mãe de Deus e alargar universalmente seu culto. Uma oração antiquíssima, provavelmente do século III, já chamava Maria de Mãe de Deus e pedia sua intercessão: "Sob a vossa proteção, recorremos Santa Mãe de Deus" *(Sub tuum praesidium confugimus, sancta Dei Genetrix)*.

Com o culto de Maria se expandindo cada vez mais, especialmente no meio das massas do povo simples, surgiu o saltério mariano. Os 150 Pai-nossos foram sendo substituídos pela oração mariana bíblica, a Ave-Maria. Somente no século XV, amparado por várias experiências místicas, que o frade dominicano, Alano de Rupe (Alano de la Roche), estruturou o Rosário de forma muito similar à que conhecemos hoje, com 150 Ave-Marias e 15 Pai-nossos. Esse frade teve várias visões, em que se revelava Nossa Senhora entregando o Rosário a São Domingos de Gusmão, dois séculos e meio antes. Nossa Senhora também teria feito promessas para quem tomasse aquele objeto na mão e rezasse para se proteger, segundo as visões de Alano de la Roche.

As meditações da vida de Jesus e de Maria foram surgindo com o tempo. Muitos Papas também foram colaborando para que o Rosário tomasse a forma definitiva. Um dos maiores expoentes foi Pio V, que determinou as características do Santo Rosário, com sua Bula Papal *Consueverunt Romani Pontifices*, de 1569. Outros Papas, como Pio IX, Leão XIII, João Paulo II, Paulo VI, Francisco, também deram sua contribuição para um maior entendimento da importância do Santo Rosário, na vida da Igreja e dos cristãos.

Testemunhando essa belíssima história do Santo Rosário, convidamos vocês, caros leitores, a mergulhar na contemplação dos Mistérios da vida de Nosso Senhor Jesus Cristo e de sua Bem-Aventurada Virgem Mãe, para que possamos crescer na fé, no amor e na alegria de ser cristãos. Com o terço na mão, pedimos a bênção da Virgem

Maria e nos unimos em prece pelo mundo, que se encontra a gemer em dores de parto, com os sofrimentos que o afligem todos os dias.

Guiados pela sabedoria e carisma de nosso querido Padre Antonio Maria, trilhemos esse caminho de oração, que nos leva cada vez mais próximos do coração amantíssimo de Nosso Senhor Jesus Cristo, acalentados pela mão materna de Maria. Rezemos sempre uns pelos outros, para que sejamos dignos das promessas de Cristo. Amém.

Editora Santuário

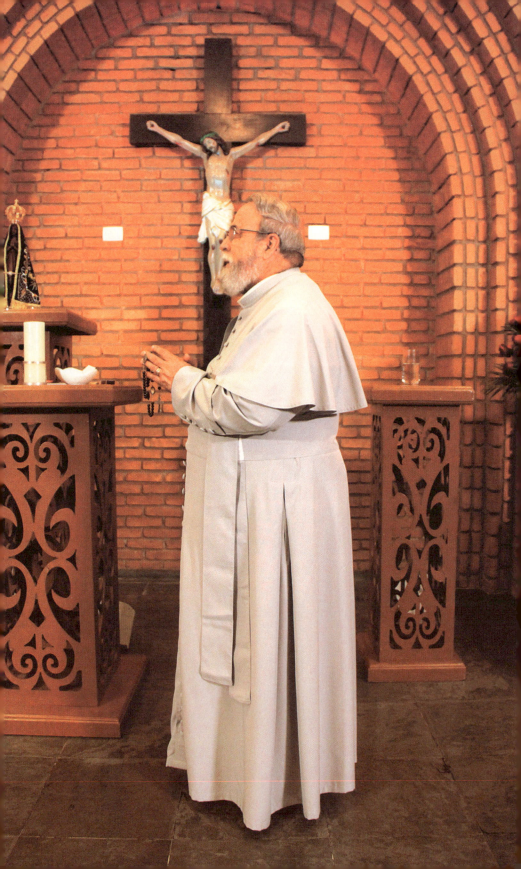

PARA TODOS OS DIAS

1. Se possível, prepare um pequeno altar com uma vela acesa

2. Sinal da Cruz
† Em nome do Pai, e do Filho e do Espírito Santo. Amém.

3. Oferecimento
Querida Mãe, rezamos este terço como sinal do amor filial para com a Senhora.
Ou
Divino Jesus, nós vos oferecemos este terço, que vamos rezar, contemplando os mistérios da nossa Redenção. Concedei-nos pela intercessão de Maria, vossa Mãe Santíssima, a quem nos dirigimos, as virtudes para bem rezá-lo e a graça de ganharmos as indulgências desta santa devoção.

4. Faça seus pedidos e agradecimentos

5. Creio
Creio em Deus Pai todo-poderoso, criador do céu e da terra; e em Jesus Cristo, seu único Filho, nosso Senhor, que foi concebido pelo poder do Espírito Santo; nasceu da Virgem Maria; padeceu sob Pôncio Pilatos, foi crucificado, morto e sepultado; desceu à mansão dos mortos; ressuscitou ao terceiro dia, subiu aos céus; está sentado à direita de Deus Pai todo-poderoso, donde há de vir a julgar os vivos e os mortos. Creio no Espírito Santo, na Santa Igreja Católica; na comunhão dos santos; na remissão dos pecados; na ressurreição da carne; na vida eterna. Amém.

6. Pai-nosso
Pai nosso, que estais no céu, santificado seja o vosso nome; venha a nós o vosso Reino; seja feita a vossa vontade, assim na terra como no céu. O pão nosso de cada dia nos dai hoje; perdoai-nos as nossas ofensas, assim como nós perdoamos a quem nos tem ofendido; e não nos deixeis cair em tentação, mas livrai-nos do mal. Amém.

7. Três Ave-Marias em honra à Santíssima Trindade
Em louvor a Deus Pai, de quem Maria é Filha admirável: Ave, Maria, cheia de graça, o Senhor é convosco, bendita sois vós entre as mu-

lheres e bendito é o fruto do vosso ventre, Jesus. Santa Maria, Mãe de Deus, rogai por nós pecadores, agora e na hora de nossa morte. Amém.
Em louvor a Deus Filho, de quem Maria é Mãe admirável: *Ave, Maria...*
Em louvor a Deus Espírito Santo, de quem Maria é Esposa admirável: *Ave, Maria...*

8. Glória ao Pai
Glória ao Pai, e ao Filho e ao Espírito Santo. Como era no princípio, agora e sempre. Amém.

9. Oração de Nossa Senhora de Fátima aos pastorinhos
Ó meu Jesus, perdoai-nos, livrai-nos do fogo do inferno, levai as almas todas para o céu e socorrei principalmente aquelas que mais precisarem. Amém.

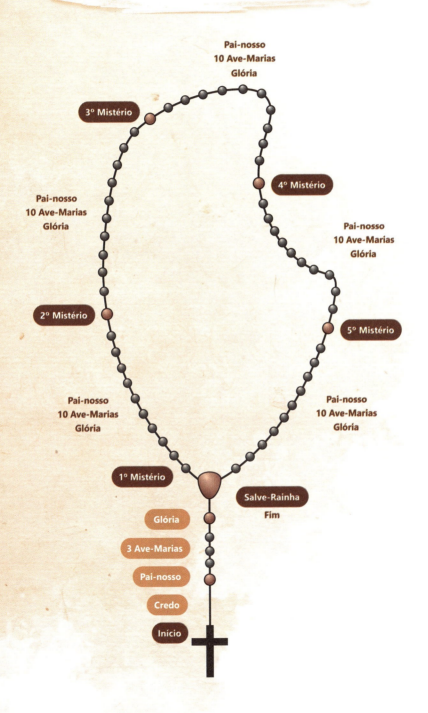

MISTÉRIOS GOZOSOS

(Para serem rezados às segundas-feiras e sábados)

"A ORAÇÃO FAZ DESAPARECER A DISTÂNCIA ENTRE O HOMEM E DEUS."

SÃO PADRE PIO DE PIETRELCINA

1º Mistério

Anunciação do Anjo a Maria

Canto
Neste Primeiro Mistério,/ vem um anjo do Senhor/ anunciar a Maria:/ serás mãe do Salvador.

1 Pai-Nosso
Pai nosso, que estais no céu, santificado seja o vosso nome; venha a nós o vosso Reino; seja feita a vossa vontade, assim na terra como no céu. O pão nosso de cada dia nos dai hoje; perdoai-nos as nossas ofensas, assim como nós perdoamos a quem nos tem ofendido; e não nos deixeis cair em tentação, mas livrai-nos do mal. Amém.

10 Ave-Marias
Ave, Maria, cheia de graça, o Senhor é convosco, bendita sois vós entre as mulheres e bendito é o fruto do vosso ventre, Jesus. Santa Maria, Mãe de Deus, rogai por nós pecadores, agora e na hora de nossa morte. Amém.

Glória ao Pai
Glória ao Pai, e ao Filho e ao Espírito Santo. Como era no princípio, agora e sempre. Amém.

Ó meu Jesus
Ó meu Jesus, perdoai-nos, livrai-nos do fogo do inferno, levai as almas todas para o céu e socorrei principalmente aquelas que mais precisarem. Amém.

2º Mistério

Maria visita sua prima Isabel

Canto
Neste Mistério, Maria/ faz apressada o caminho;/ portadora de Jesus,/ leva a Isabel seu carinho.

1 Pai-Nosso
Pai nosso, que estais no céu, santificado seja o vosso nome; venha a nós o vosso Reino; seja feita a vossa vontade, assim na terra como no céu. O pão nosso de cada dia nos dai hoje; perdoai-nos as nossas ofensas, assim como nós perdoamos a quem nos tem ofendido; e não nos deixeis cair em tentação, mas livrai-nos do mal. Amém.

10 Ave-Marias
Ave, Maria, cheia de graça, o Senhor é convosco, bendita sois vós entre as mulheres e bendito é o fruto do vosso ventre, Jesus. Santa Maria, Mãe de Deus, rogai por nós pecadores, agora e na hora de nossa morte. Amém.

Glória ao Pai
Glória ao Pai, e ao Filho e ao Espírito Santo. Como era no princípio, agora e sempre. Amém.

Ó meu Jesus
Ó meu Jesus, perdoai-nos, livrai-nos do fogo do inferno, levai as almas todas para o céu e socorrei principalmente aquelas que mais precisarem. Amém.

3º Mistério

Nascimento de Jesus

Canto
E, no Terceiro Mistério,/ nasce Jesus de Maria;/ seu berço uma manjedoura,/ sem lugar na hospedaria.

1 Pai-Nosso
Pai nosso, que estais no céu, santificado seja o vosso nome; venha a nós o vosso Reino; seja feita a vossa vontade, assim na terra como no céu. O pão nosso de cada dia nos dai hoje; perdoai-nos as nossas ofensas, assim como nós perdoamos a quem nos tem ofendido; e não nos deixeis cair em tentação, mas livrai-nos do mal. Amém.

10 Ave-Marias
Ave, Maria, cheia de graça, o Senhor é convosco, bendita sois vós entre as mulheres e bendito é o fruto do vosso ventre, Jesus. Santa Maria, Mãe de Deus, rogai por nós pecadores, agora e na hora de nossa morte. Amém.

Glória ao Pai
Glória ao Pai, e ao Filho e ao Espírito Santo. Como era no princípio, agora e sempre. Amém.

Ó meu Jesus
Ó meu Jesus, perdoai-nos, livrai-nos do fogo do inferno, levai as almas todas para o céu e socorrei principalmente aquelas que mais precisarem. Amém.

4º MISTÉRIO

APRESENTAÇÃO DE JESUS NO TEMPLO

Canto
No templo, os pais apresentam/ o Filho com alegria/ e escutam de Simeão/ importante profecia.

1 Pai-Nosso
Pai nosso, que estais no céu, santificado seja o vosso nome; venha a nós o vosso Reino; seja feita a vossa vontade, assim na terra como no céu. O pão nosso de cada dia nos dai hoje; perdoai-nos as nossas ofensas, assim como nós perdoamos a quem nos tem ofendido; e não nos deixeis cair em tentação, mas livrai-nos do mal. Amém.

10 Ave-Marias
Ave, Maria, cheia de graça, o Senhor é convosco, bendita sois vós entre as mulheres e bendito é o fruto do vosso ventre, Jesus. Santa Maria, Mãe de Deus, rogai por nós pecadores, agora e na hora de nossa morte. Amém.

Glória ao Pai
Glória ao Pai, e ao Filho e ao Espírito Santo. Como era no princípio, agora e sempre. Amém.

Ó meu Jesus
Ó meu Jesus, perdoai-nos, livrai-nos do fogo do inferno, levai as almas todas para o céu e socorrei principalmente aquelas que mais precisarem. Amém.

5º Mistério

Perda e encontro de Jesus no templo

Canto
E, neste Quinto Mistério,/ depois de aflições e dores,/ os pais encontram no templo/ o Menino entre os doutores.

1 Pai-Nosso
Pai nosso, que estais no céu, santificado seja o vosso nome; venha a nós o vosso Reino; seja feita a vossa vontade, assim na terra como no céu. O pão nosso de cada dia nos dai hoje; perdoai-nos as nossas ofensas, assim como nós perdoamos a quem nos tem ofendido; e não nos deixeis cair em tentação, mas livrai-nos do mal. Amém.

10 Ave-Marias
Ave, Maria, cheia de graça, o Senhor é convosco, bendita sois vós entre as mulheres e bendito é o fruto do vosso ventre, Jesus. Santa Maria, Mãe de Deus, rogai por nós pecadores, agora e na hora de nossa morte. Amém.

Glória ao Pai
Glória ao Pai, e ao Filho e ao Espírito Santo. Como era no princípio, agora e sempre. Amém.

Ó meu Jesus
Ó meu Jesus, perdoai-nos, livrai-nos do fogo do inferno, levai as almas todas para o céu e socorrei principalmente aquelas que mais precisarem. Amém.

Oferecimento e Salve-Rainha

Infinitas graças vos damos, ó Soberana Rainha, pelos benefícios que todos os dias recebemos de vossas mãos liberais. Dignai-vos, agora e para sempre, tomar-nos debaixo do vosso poderoso amparo e para mais vos agradecer, vos saudamos com uma Salve-Rainha:

Salve, Rainha, Mãe de misericórdia, vida, doçura, esperança nossa, salve! A vós bradamos os degredados filhos de Eva, a vós suspiramos, gemendo e chorando, neste vale de lágrimas. Eia, pois, Advogada nossa, esses vossos olhos misericordiosos a nós volvei, e depois deste desterro, mostrai-nos Jesus, bendito fruto do vosso ventre. Ó clemente, ó piedosa, ó doce e sempre Virgem Maria.

Rogai por nós Santa Mãe de Deus. Para que sejamos dignos das promessas de Cristo. Amém.

MISTÉRIOS DOLOROSOS

(Para serem rezados às terças e sextas-feiras)

"O Pai todo-misericordioso e bondoso tem compaixão dos que o temem, e concede amorosamente suas graças àqueles que vêm a ele com um coração humilde."

São Clemente Romano

1º Mistério

Agonia de Jesus no Horto das Oliveiras

Canto
Neste Primeiro Mistério,/ está Jesus num jardim;/ padece suando sangue,/ sofre por ti e por mim.

1 Pai-Nosso
Pai nosso, que estais no céu, santificado seja o vosso nome; venha a nós o vosso Reino; seja feita a vossa vontade, assim na terra como no céu. O pão nosso de cada dia nos dai hoje; perdoai-nos as nossas ofensas, assim como nós perdoamos a quem nos tem ofendido; e não nos deixeis cair em tentação, mas livrai-nos do mal. Amém.

10 Ave-Marias
Ave, Maria, cheia de graça, o Senhor é convosco, bendita sois vós entre as mulheres e bendito é o fruto do vosso ventre, Jesus. Santa Maria, Mãe de Deus, rogai por nós pecadores, agora e na hora de nossa morte. Amém.

Glória ao Pai
Glória ao Pai, e ao Filho e ao Espírito Santo. Como era no princípio, agora e sempre. Amém.

Ó meu Jesus
Ó meu Jesus, perdoai-nos, livrai-nos do fogo do inferno, levai as almas todas para o céu e socorrei principalmente aquelas que mais precisarem. Amém.

2º MISTÉRIO

FLAGELAÇÃO DE JESUS

Canto
E, no Segundo Mistério,/ nosso Mestre é flagelado;/ suporta tamanha dor,/ por muito nos ter amado.

1 Pai-Nosso
Pai nosso, que estais no céu, santificado seja o vosso nome; venha a nós o vosso Reino; seja feita a vossa vontade, assim na terra como no céu. O pão nosso de cada dia nos dai hoje; perdoai-nos as nossas ofensas, assim como nós perdoamos a quem nos tem ofendido; e não nos deixeis cair em tentação, mas livrai-nos do mal. Amém.

10 Ave-Marias
Ave, Maria, cheia de graça, o Senhor é convosco, bendita sois vós entre as mulheres e bendito é o fruto do vosso ventre, Jesus. Santa Maria, Mãe de Deus, rogai por nós pecadores, agora e na hora de nossa morte. Amém.

Glória ao Pai
Glória ao Pai, e ao Filho e ao Espírito Santo. Como era no princípio, agora e sempre. Amém.

Ó meu Jesus
Ó meu Jesus, perdoai-nos, livrai-nos do fogo do inferno, levai as almas todas para o céu e socorrei principalmente aquelas que mais precisarem. Amém.

3º MISTÉRIO

JESUS É COROADO COM ESPINHOS

Canto
Neste Terceiro Mistério,/ homem sem Deus e sem lei,/ com a coroa de espinhos,/ coroa o nosso Rei.

1 Pai-Nosso
Pai nosso, que estais no céu, santificado seja o vosso nome; venha a nós o vosso Reino; seja feita a vossa vontade, assim na terra como no céu. O pão nosso de cada dia nos dai hoje; perdoai-nos as nossas ofensas, assim como nós perdoamos a quem nos tem ofendido; e não nos deixeis cair em tentação, mas livrai-nos do mal. Amém.

10 Ave-Marias
Ave, Maria, cheia de graça, o Senhor é convosco, bendita sois vós entre as mulheres e bendito é o fruto do vosso ventre, Jesus. Santa Maria, Mãe de Deus, rogai por nós pecadores, agora e na hora de nossa morte. Amém.

Glória ao Pai
Glória ao Pai, e ao Filho e ao Espírito Santo. Como era no princípio, agora e sempre. Amém.

Ó meu Jesus
Ó meu Jesus, perdoai-nos, livrai-nos do fogo do inferno, levai as almas todas para o céu e socorrei principalmente aquelas que mais precisarem. Amém.

4º Mistério

JESUS CARREGA A CRUZ

Canto
E, neste Quarto Mistério,/ vai nosso Senhor Jesus,/ em direção ao Calvário,/ carregando sua Cruz.

1 Pai-Nosso
Pai nosso, que estais no céu, santificado seja o vosso nome; venha a nós o vosso Reino; seja feita a vossa vontade, assim na terra como no céu. O pão nosso de cada dia nos dai hoje; perdoai-nos as nossas ofensas, assim como nós perdoamos a quem nos tem ofendido; e não nos deixeis cair em tentação, mas livrai-nos do mal. Amém.

10 Ave-Marias
Ave, Maria, cheia de graça, o Senhor é convosco, bendita sois vós entre as mulheres e bendito é o fruto do vosso ventre, Jesus. Santa Maria, Mãe de Deus, rogai por nós pecadores, agora e na hora de nossa morte. Amém.

Glória ao Pai
Glória ao Pai, e ao Filho e ao Espírito Santo. Como era no princípio, agora e sempre. Amém.

Ó meu Jesus
Ó meu Jesus, perdoai-nos, livrai-nos do fogo do inferno, levai as almas todas para o céu e socorrei principalmente aquelas que mais precisarem. Amém.

5º MISTÉRIO

CRUCIFICAÇÃO E MORTE DE JESUS

Canto
Agora morre Jesus,/ depois de tanta agonia,/ mas antes nos dá por mãe/ sua própria mãe Maria.

1 Pai-Nosso
Pai nosso, que estais no céu, santificado seja o vosso nome; venha a nós o vosso Reino; seja feita a vossa vontade, assim na terra como no céu. O pão nosso de cada dia nos dai hoje; perdoai-nos as nossas ofensas, assim como nós perdoamos a quem nos tem ofendido; e não nos deixeis cair em tentação, mas livrai-nos do mal. Amém.

10 Ave-Marias
Ave, Maria, cheia de graça, o Senhor é convosco, bendita sois vós entre as mulheres e bendito é o fruto do vosso ventre, Jesus. Santa Maria, Mãe de Deus, rogai por nós pecadores, agora e na hora de nossa morte. Amém.

Glória ao Pai
Glória ao Pai, e ao Filho e ao Espírito Santo. Como era no princípio, agora e sempre. Amém.

Ó meu Jesus
Ó meu Jesus, perdoai-nos, livrai-nos do fogo do inferno, levai as almas todas para o céu e socorrei principalmente aquelas que mais precisarem. Amém.

Oferecimento e Salve-Rainha

Infinitas graças vos damos, ó Soberana Rainha, pelos benefícios que todos os dias recebemos de vossas mãos liberais. Dignai-vos, agora e para sempre, tomar-nos debaixo do vosso poderoso amparo e para mais vos agradecer, vos saudamos com uma Salve-Rainha:

Salve, Rainha, Mãe de misericórdia, vida, doçura, esperança nossa, salve! A vós bradamos os degredados filhos de Eva, a vós suspiramos, gemendo e chorando, neste vale de lágrimas. Eia, pois, Advogada nossa, esses vossos olhos misericordiosos a nós volvei, e depois deste desterro, mostrai-nos Jesus, bendito fruto do vosso ventre. Ó clemente, ó piedosa, ó doce e sempre Virgem Maria.

Rogai por nós Santa Mãe de Deus. Para que sejamos dignos das promessas de Cristo. Amém.

MISTÉRIOS GLORIOSOS

(Para serem rezados às quartas-feiras e domingos)

"Na primeira vinda, Jesus suportou a cruz, sem recusar a sua ignomínia; na segunda, virá cheio de glória, cercado de uma multidão de anjos."

São Cirilo de Jerusalém

1º Mistério

Ressurreição de Jesus

Canto
Neste Primeiro Mistério,/ se dá a Ressurreição./ A morte enfim foi vencida/ por quem trouxe a salvação.

1 Pai-Nosso
Pai nosso, que estais no céu, santificado seja o vosso nome; venha a nós o vosso Reino; seja feita a vossa vontade, assim na terra como no céu. O pão nosso de cada dia nos dai hoje; perdoai-nos as nossas ofensas, assim como nós perdoamos a quem nos tem ofendido; e não nos deixeis cair em tentação, mas livrai-nos do mal. Amém.

10 Ave-Marias
Ave, Maria, cheia de graça, o Senhor é convosco, bendita sois vós entre as mulheres e bendito é o fruto do vosso ventre, Jesus. Santa Maria, Mãe de Deus, rogai por nós pecadores, agora e na hora de nossa morte. Amém.

Glória ao Pai
Glória ao Pai, e ao Filho e ao Espírito Santo. Como era no princípio, agora e sempre. Amém.

Ó meu Jesus
Ó meu Jesus, perdoai-nos, livrai-nos do fogo do inferno, levai as almas todas para o céu e socorrei principalmente aquelas que mais precisarem. Amém.

2º Mistério

Ascensão de Jesus ao céu

Canto
Agora nós contemplamos/ a ascensão de Jesus;/ foi preparar, lá no céu,/ nossa morada de luz.

1 Pai-Nosso
Pai nosso, que estais no céu, santificado seja o vosso nome; venha a nós o vosso Reino; seja feita a vossa vontade, assim na terra como no céu. O pão nosso de cada dia nos dai hoje; perdoai-nos as nossas ofensas, assim como nós perdoamos a quem nos tem ofendido; e não nos deixeis cair em tentação, mas livrai-nos do mal. Amém.

10 Ave-Marias
Ave, Maria, cheia de graça, o Senhor é convosco, bendita sois vós entre as mulheres e bendito é o fruto do vosso ventre, Jesus. Santa Maria, Mãe de Deus, rogai por nós pecadores, agora e na hora de nossa morte. Amém.

Glória ao Pai
Glória ao Pai, e ao Filho e ao Espírito Santo. Como era no princípio, agora e sempre. Amém.

Ó meu Jesus
Ó meu Jesus, perdoai-nos, livrai-nos do fogo do inferno, levai as almas todas para o céu e socorrei principalmente aquelas que mais precisarem. Amém.

3º MISTÉRIO

VINDA DO ESPÍRITO SANTO

Canto
Com Maria, a Igreja/ unida reza ao Senhor;/ desce do céu, como fogo,/ o Espírito Santo de amor.

1 Pai-Nosso
Pai nosso, que estais no céu, santificado seja o vosso nome; venha a nós o vosso Reino; seja feita a vossa vontade, assim na terra como no céu. O pão nosso de cada dia nos dai hoje; perdoai-nos as nossas ofensas, assim como nós perdoamos a quem nos tem ofendido; e não nos deixeis cair em tentação, mas livrai-nos do mal. Amém.

10 Ave-Marias
Ave, Maria, cheia de graça, o Senhor é convosco, bendita sois vós entre as mulheres e bendito é o fruto do vosso ventre, Jesus. Santa Maria, Mãe de Deus, rogai por nós pecadores, agora e na hora de nossa morte. Amém.

Glória ao Pai
Glória ao Pai, e ao Filho e ao Espírito Santo. Como era no princípio, agora e sempre. Amém.

Ó meu Jesus
Ó meu Jesus, perdoai-nos, livrai-nos do fogo do inferno, levai as almas todas para o céu e socorrei principalmente aquelas que mais precisarem. Amém.

4º MISTÉRIO

ASSUNÇÃO DE MARIA AO CÉU

Canto
E, neste Quarto Mistério,/ vamos meditar, então,/ Maria levada ao céu,/ em gloriosa assunção.

1 Pai-Nosso
Pai nosso, que estais no céu, santificado seja o vosso nome; venha a nós o vosso Reino; seja feita a vossa vontade, assim na terra como no céu. O pão nosso de cada dia nos dai hoje; perdoai-nos as nossas ofensas, assim como nós perdoamos a quem nos tem ofendido; e não nos deixeis cair em tentação, mas livrai-nos do mal. Amém.

10 Ave-Marias
Ave, Maria, cheia de graça, o Senhor é convosco, bendita sois vós entre as mulheres e bendito é o fruto do vosso ventre, Jesus. Santa Maria, Mãe de Deus, rogai por nós pecadores, agora e na hora de nossa morte. Amém.

Glória ao Pai
Glória ao Pai, e ao Filho e ao Espírito Santo. Como era no princípio, agora e sempre. Amém.

Ó meu Jesus
Ó meu Jesus, perdoai-nos, livrai-nos do fogo do inferno, levai as almas todas para o céu e socorrei principalmente aquelas que mais precisarem. Amém.

5º Mistério

Coroação de Nossa Senhora no céu

Canto
Por Deus-Trino é coroada/ nossa Mãe Virgem Maria,/ Rainha do céu, da terra,/ causa de nossa alegria.

1 Pai-Nosso
Pai nosso, que estais no céu, santificado seja o vosso nome; venha a nós o vosso Reino; seja feita a vossa vontade, assim na terra como no céu. O pão nosso de cada dia nos dai hoje; perdoai-nos as nossas ofensas, assim como nós perdoamos a quem nos tem ofendido; e não nos deixeis cair em tentação, mas livrai-nos do mal. Amém.

10 Ave-Marias
Ave, Maria, cheia de graça, o Senhor é convosco, bendita sois vós entre as mulheres e bendito é o fruto do vosso ventre, Jesus. Santa Maria, Mãe de Deus, rogai por nós pecadores, agora e na hora de nossa morte. Amém.

Glória ao Pai
Glória ao Pai, e ao Filho e ao Espírito Santo. Como era no princípio, agora e sempre. Amém.

Ó meu Jesus
Ó meu Jesus, perdoai-nos, livrai-nos do fogo do inferno, levai as almas todas para o céu e socorrei principalmente aquelas que mais precisarem. Amém.

Oferecimento e Salve-Rainha

Infinitas graças vos damos, ó Soberana Rainha, pelos benefícios que todos os dias recebemos de vossas mãos liberais. Dignai-vos, agora e para sempre, tomar-nos debaixo do vosso poderoso amparo e para mais vos agradecer, vos saudamos com uma Salve-Rainha:

Salve, Rainha, Mãe de misericórdia, vida, doçura, esperança nossa, salve! A vós bradamos os degredados filhos de Eva, a vós suspiramos, gemendo e chorando, neste vale de lágrimas. Eia, pois, Advogada nossa, esses vossos olhos misericordiosos a nós volvei, e depois deste desterro, mostrai-nos Jesus, bendito fruto do vosso ventre. Ó clemente, ó piedosa, ó doce e sempre Virgem Maria.

Rogai por nós Santa Mãe de Deus. Para que sejamos dignos das promessas de Cristo. Amém.

MISTÉRIOS LUMINOSOS

(Para serem rezados às quintas-feiras)

"QUE DESEJANDO EU VOS PROCURE, PROCURANDO VOS DESEJE, AMANDO VOS ENCONTRE E ENCONTRANDO VOS AME."

SANTO ANSELMO DE AOSTA

1º Mistério

BATISMO NO RIO JORDÃO

Canto
E, no Primeiro Mistério,/ vemos, no Rio Jordão,/ Jesus sendo batizado,/ pelo seu primo João.

1 Pai-Nosso
Pai nosso, que estais no céu, santificado seja o vosso nome; venha a nós o vosso Reino; seja feita a vossa vontade, assim na terra como no céu. O pão nosso de cada dia nos dai hoje; perdoai-nos as nossas ofensas, assim como nós perdoamos a quem nos tem ofendido; e não nos deixeis cair em tentação, mas livrai-nos do mal. Amém.

10 Ave-Marias
Ave, Maria, cheia de graça, o Senhor é convosco, bendita sois vós entre as mulheres e bendito é o fruto do vosso ventre, Jesus. Santa Maria, Mãe de Deus, rogai por nós pecadores, agora e na hora de nossa morte. Amém.

Glória ao Pai
Glória ao Pai, e ao Filho e ao Espírito Santo. Como era no princípio, agora e sempre. Amém.

Ó meu Jesus
Ó meu Jesus, perdoai-nos, livrai-nos do fogo do inferno, levai as almas todas para o céu e socorrei principalmente aquelas que mais precisarem. Amém.

2º Mistério

Autorrevelação de Jesus nas Bodas de Caná

Canto
Maria pede a Jesus,/ e a água se torna vinho./ Fazei o que ele mandar,/ diz nossa Mãe com carinho.

1 Pai-Nosso
Pai nosso, que estais no céu, santificado seja o vosso nome; venha a nós o vosso Reino; seja feita a vossa vontade, assim na terra como no céu. O pão nosso de cada dia nos dai hoje; perdoai-nos as nossas ofensas, assim como nós perdoamos a quem nos tem ofendido; e não nos deixeis cair em tentação, mas livrai-nos do mal. Amém.

10 Ave-Marias
Ave, Maria, cheia de graça, o Senhor é convosco, bendita sois vós entre as mulheres e bendito é o fruto do vosso ventre, Jesus. Santa Maria, Mãe de Deus, rogai por nós pecadores, agora e na hora de nossa morte. Amém.

Glória ao Pai
Glória ao Pai, e ao Filho e ao Espírito Santo. Como era no princípio, agora e sempre. Amém.

Ó meu Jesus
Ó meu Jesus, perdoai-nos, livrai-nos do fogo do inferno, levai as almas todas para o céu e socorrei principalmente aquelas que mais precisarem. Amém.

3º Mistério

Jesus anuncia o Reino de Deus

Canto
E, no Terceiro Mistério,/ Jesus, o Mestre amado,/ a Boa Nova anuncia,/ e o Reino é proclamado.

1 Pai-Nosso
Pai nosso, que estais no céu, santificado seja o vosso nome; venha a nós o vosso Reino; seja feita a vossa vontade, assim na terra como no céu. O pão nosso de cada dia nos dai hoje; perdoai-nos as nossas ofensas, assim como nós perdoamos a quem nos tem ofendido; e não nos deixeis cair em tentação, mas livrai-nos do mal. Amém.

10 Ave-Marias
Ave, Maria, cheia de graça, o Senhor é convosco, bendita sois vós entre as mulheres e bendito é o fruto do vosso ventre, Jesus. Santa Maria, Mãe de Deus, rogai por nós pecadores, agora e na hora de nossa morte. Amém.

Glória ao Pai
Glória ao Pai, e ao Filho e ao Espírito Santo. Como era no princípio, agora e sempre. Amém.

Ó meu Jesus
Ó meu Jesus, perdoai-nos, livrai-nos do fogo do inferno, levai as almas todas para o céu e socorrei principalmente aquelas que mais precisarem. Amém.

4º MISTÉRIO

TRANSFIGURAÇÃO DE JESUS

Canto
Neste Mistério da luz,/ em radiante visão,/ Jesus se mostra divino,/ é a Transfiguração.

1 Pai-Nosso
Pai nosso, que estais no céu, santificado seja o vosso nome; venha a nós o vosso Reino; seja feita a vossa vontade, assim na terra como no céu. O pão nosso de cada dia nos dai hoje; perdoai-nos as nossas ofensas, assim como nós perdoamos a quem nos tem ofendido; e não nos deixeis cair em tentação, mas livrai-nos do mal. Amém.

10 Ave-Marias
Ave, Maria, cheia de graça, o Senhor é convosco, bendita sois vós entre as mulheres e bendito é o fruto do vosso ventre, Jesus. Santa Maria, Mãe de Deus, rogai por nós pecadores, agora e na hora de nossa morte. Amém.

Glória ao Pai
Glória ao Pai, e ao Filho e ao Espírito Santo. Como era no princípio, agora e sempre. Amém.

Ó meu Jesus
Ó meu Jesus, perdoai-nos, livrai-nos do fogo do inferno, levai as almas todas para o céu e socorrei principalmente aquelas que mais precisarem. Amém.

5º Mistério

Instituição da Eucaristia

Canto
E é mistério de fé/ que a nossa alma extasia;/ Jesus se torna presente,/ na Santa Eucaristia.

1 Pai-Nosso
Pai nosso, que estais no céu, santificado seja o vosso nome; venha a nós o vosso Reino; seja feita a vossa vontade, assim na terra como no céu. O pão nosso de cada dia nos dai hoje; perdoai-nos as nossas ofensas, assim como nós perdoamos a quem nos tem ofendido; e não nos deixeis cair em tentação, mas livrai-nos do mal. Amém.

10 Ave-Marias
Ave, Maria, cheia de graça, o Senhor é convosco, bendita sois vós entre as mulheres e bendito é o fruto do vosso ventre, Jesus. Santa Maria, Mãe de Deus, rogai por nós pecadores, agora e na hora de nossa morte. Amém.

Glória ao Pai
Glória ao Pai, e ao Filho e ao Espírito Santo. Como era no princípio, agora e sempre. Amém.

Ó meu Jesus
Ó meu Jesus, perdoai-nos, livrai-nos do fogo do inferno, levai as almas todas para o céu e socorrei principalmente aquelas que mais precisarem. Amém.

Oferecimento e Salve-Rainha

Infinitas graças vos damos, ó Soberana Rainha, pelos benefícios que todos os dias recebemos de vossas mãos liberais. Dignai-vos, agora e para sempre, tomar-nos debaixo do vosso poderoso amparo e para mais vos agradecer, vos saudamos com uma Salve-Rainha:

Salve, Rainha, Mãe de misericórdia, vida, doçura, esperança nossa, salve! A vós bradamos os degredados filhos de Eva, a vós suspiramos, gemendo e chorando, neste vale de lágrimas. Eia, pois, Advogada nossa, esses vossos olhos misericordiosos a nós volvei, e depois deste desterro, mostrai-nos Jesus, bendito fruto do vosso ventre. Ó clemente, ó piedosa, ó doce e sempre Virgem Maria.

Rogai por nós Santa Mãe de Deus. Para que sejamos dignos das promessas de Cristo. Amém.

ORAÇÕES PARA VÁRIAS OCASIÕES

1. Ó Pai das Misericórdias

Ó Pai das Misericórdias, de quem procede tudo o que é bom, eu vos ofereço minhas humildes preces, por meio do Sacratíssimo Coração de Jesus, vosso Filho amado, nosso Senhor e Redentor, em quem vós sempre encontrais deleite e que vos ama tanto. Concedei-me a graça de uma fé viva, uma esperança firme de uma caridade ardente para vós e para o meu próximo. Dai-me também a graça de estar sinceramente arrependido de meus pecados, juntamente com o firme propósito de nunca vos ofender novamente, para que eu possa viver sempre de acordo com o vosso divino agrado, cumprindo a vossa santíssima vontade em todas as coisas com um coração generoso e disposto. E que eu possa continuar perseverante no vosso amor até o fim de minha vida. Amém.

2. Voltemo-nos ao Senhor Deus

Voltemo-nos ao Senhor Deus e Pai todo-poderoso. Com um coração puro, vamos agradecê-lo sinceramente tanto quanto nossa pequenez nos permite. Supliquemos, com todo o nosso coração, sua extraordinária clemência, para que ele possa dignar-se a ouvir nossos pedidos conforme o aprouver. Que Ele possa afastar com seu poder nossos inimigos para longe de nós, para que não venhamos a cair sob a influência do maligno, em atos ou pensamentos. Que Ele aumente nossa fé, governe nossa mente, dê-nos pensamentos espirituais, e, por fim, guie-nos para sua Santidade, por Jesus Cristo, seu Filho. Amém.

3. Meu Deus, eu creio em vós

Meu Deus, eu creio em vós, espero em vós, e vos amo sobre todas as coisas, com toda a minha alma, com todo o meu coração e com toda a minha força. Eu vos amo porque sois infinitamente bom e digno de ser amado. E porque eu vos amo, arrependo-me de vos ter ofendido. Tende piedade de mim, que sou pecador. Amém.

4. Precioso Sangue do Senhor Jesus Cristo

Senhor Jesus Cristo, que descestes do céu, do seio do Pai, para a terra, e derramastes vosso sangue pela remissão dos nossos pecados: humildemente vos pedimos que, no dia do julgamento, possamos ouvir, em pé, a vossa direita: "Vinde, benditos". Vós que viveis e reinais para sempre. Amém.

5. Oração ao Sacratíssimo Coração de Jesus
O Sacratíssimo Coração de Jesus, nós vos suplicamos que derrameis as vossas bênçãos sobre a vossa Santa Igreja, sobre o Papa e sobre todo o clero. Concedei-nos a justa perseverança, convertei os pecadores, iluminai os que não creem, abençoai os que estão próximos a nós, nossos amigos e benfeitores, assisti os que estão à beira da morte, libertai as almas do purgatório e, docemente, estendei o poder de vosso amor sobre todos os corações. Amém.

6. Ó Divino Coração de Jesus
Ó divino Coração de Jesus, concedei, eu vos peço, descanso eterno às almas do purgatório, a graça final àqueles que estão para morrer neste dia, sincero arrependimento aos pecadores, luz da fé aos que não creem e vossa bênção para mim e para todos os que me são queridos. Assim sendo, ó piedosíssimo Coração de Jesus, eu vos recomendo todas essas almas e, por elas, também ofereço todos os vossos merecimentos, em união com os méritos de vossa Santíssima Mãe, e de todos os Santos e Anjos, assim como todas as Missas, Comunhões, orações e obras de caridade que estão sendo oferecidas neste dia por todo o mundo cristão. Amém.

7. Arrancai de mim este meu coração de pedra
Ó Senhor, arrancai de mim este meu coração de pedra, meu coração endurecido, meu coração incircunciso, e dai-me um novo coração, um coração de carne, um coração puro! Ó vós, que purificais os corações e amais aqueles que já estão puros, possuí meu coração e fazei ali vossa morada, contendo-o e preenchendo-o, pois vós estais acima do que há de mais elevado em mim e é mais profundo do que aquilo que é mais íntimo em mim.

8. Concedei, nós vos pedimos
Concedei, nós vos pedimos, Deus todo-poderoso, que possamos agradar o vosso Santo Espírito com nossas súplicas sinceras. Que possamos, por sua graça, sermos libertos de todas as tentações e sermos merecedores de receber o perdão de nossos pecados. Por Cristo, nosso Senhor. Amém.

9. Ó Santo Espírito Criador
Ó Santo Espírito Criador, assisti misericordiosamente vossa Igreja Católica e, por vosso poder celestial, fortalecei e fortificai-a contra os ataques de todos os seus inimigos. Por vosso amor e graça, renovai o espírito de vossos servos que ungistes, para que em vós eles possam glorificar o Pai e seu Filho unigênito, Jesus Cristo nosso Senhor.

10. Oração pela paz
Ó Deus, aprendemos de vosso Filho nas Bem-Aventuranças que são felizes os promotores da paz porque serão chamados vossos filhos. Fazei-me verdadeiro instrumento de vossa paz, aqui nesta caminhada terrena. Que eu seja sinal de alegria, concórdia e harmonia em todos os lugares pelos quais eu passar. Que a diplomacia e a doçura de coração possam me guiar em todos os meus relacionamentos com os irmãos e irmãs, e assim eu ajude a destruir o ódio e as divisões que assolam o mundo. Que o vosso Filho acalme nosso coração, como fez com aqueles discípulos que estavam com medo, de portas fechadas, após sua morte de cruz. Que ele sopre em nossos corações atribulados o espírito da paz, que nos alivia e nos tranquiliza. Senhor, nosso Deus, livrai-nos das tormentas e dai-nos a paz! Amém!

11. Oração para alcançar uma graça
Concedei-me vossa graça, meu Jesus Misericordioso, para que ela possa estar comigo, e trabalhar comigo, e perseverar comigo até o fim. Concedei que eu possa desejar e querer sempre aquilo que é mais aceitável e mais caro a vós. Permiti que o vosso desejo seja o meu próprio, sempre coadunado em perfeita harmonia com o vosso. Que o meu querer e o meu não querer sejam sempre um com a vossa vontade, e que eu não seja capaz de desejar nada que não for da vossa vontade. Amém.

12. Oração da mulher grávida
Ó Deus, quero elevar a vós os meus sinceros agradecimentos pelo dom da gravidez. Sou grata pelo privilégio de participar de vosso dom gerador da vida e entrego-me totalmente aos vossos braços de Pai, para me ajudar a cumprir essa missão sublime da maternidade. Aceito todas as dores e sofrimentos que meu corpo suporta nesse momento, pois sei que não existe vida em abundância sem sacrifícios. Quero em breve tomar em meus braços essa pequena criança que vós me enviais do céu, contemplando seu rostinho terno e sentindo o calor de seu toque. Protegei-me, meu Senhor, de todos os males

e perigos que possam ameaçar minha gravidez. Entrego em vossas mãos a minha vida, a vida que está sendo gerada em meu ventre e a vida de minha família. Maria, Mãe das mães, dai-me vossa mão e libertai-me de qualquer medo e incerteza que venham a invadir meu coração. Amém!

13. Oração do enfermo
Senhor, nosso Deus, vós sabeis que enfrento momentos de dor e incerteza. Conheceis o mais profundo do meu coração, por isso podeis ver que o desânimo tenta se apossar do meu ser todos os dias. Assim como o vosso Filho gritou na cruz, eu também repito por sentir certo abandono. Por que me abandonastes? Dai-me consolo nesta cruz tão pesada que eu carrego que é essa enfermidade. Que eu possa vencer essa batalha e alcançar a graça de poder servir a vós e a vossa Igreja com alegria, saúde e coragem. Tocai no meu corpo e na minha mente; curai a minha dor e o meu sofrimento; sarai as minhas feridas. Eu vos peço a graça da saúde, mas que seja feita a vossa santa e perfeita vontade. Assim como o fiel Jó e o perseverante Tobias, entrego todo o meu ser nas vossas mãos, porque confio no vosso auxílio e na vossa misericórdia. Tende piedade de mim e libertai-me da doença, por Cristo Nosso Senhor! Amém!

14. Nossa Senhora do Cenáculo
Santíssima Virgem do Cenáculo, nossa Mãe, Maria Imaculada, obtende para nós, humildemente vos pedimos, os dons do Espírito Santo, para que possamos viver na caridade e perseverar na oração, sob a vossa orientação e ensinamento, para a maior glória de Deus; e para que possamos agir com palavras e obras, para a salvação das almas, e possamos merecer entrar na vida eterna. Misericordiosamente, ficai perto de nós, ó Nossa Senhora do Cenáculo, nas nossas necessidades atuais, e socorrei-nos por vosso poder, para que o Senhor todo-poderoso possa nos conceder, através de vossa intercessão, a graça que sinceramente suplicamos. Amém!

15. São José, lembrai-vos
Lembrai-vos, ó puríssimo Esposo da Virgem Maria, meu doce Protetor São José, de que nunca se ouvir dizer que, algum daqueles que tenha implorado o vosso auxílio e recorrido a vossa proteção, fosse por vós desamparado. Inspirado por essa confiança, recorro e me recomendo fervorosamente a vós. Não desprezeis as minhas súplicas, eu vos imploro, Pai adotivo do Redentor, mas ouvi-as com misericórdia. Amém!

16. Ó José, Virgem Pai de Jesus
Ó José, Virgem Pai de Jesus, puríssimo Esposo da Virgem Maria, rogai por nós todos os dias ao mesmo Jesus, o Filho de Deus, para que nós, sendo protegidos pelo poder de sua graça e sendo zelosos nos esforços da vida, sejamos coroados por Ele na hora de nossa morte. Amém.

17. Oração do desesperado
Senhor, nosso Deus, o desespero toma conta do meu ser. Pareço me encontrar no fundo de um fosso escuro, sem mais forças para sair em direção à luz. A depressão, a angústia, a melancolia, o pânico e os medos inconcebíveis invadem minha alma e tentam me escravizar diariamente. Assim como o salmista sentia, a minha alma também se encontra no abismo profundo, sem perspectiva de melhoria. A quem devo ir, Senhor? Só vós tendes palavras de vida eterna; só vós podeis me dar o toque libertador. Se for de vossa santa vontade, arrancai-me do túmulo, no qual me encontro enterrado vivo. Permiti que eu volte à luz e consiga viver em abundância a vida que vós sonhastes para mim. Em vossas mãos, entrego meu espírito, meu Senhor e meu Deus! Amém!

18. Bênção para os alimentos
Antes: Abençoai-nos, Senhor, e a este alimento que temos em nossa mesa, graças a vossa bondade. Amém. *Pai nosso...*
Depois: Nós vos agradecemos, Deus todo-poderoso, todos os benefícios que nos fizestes, especialmente este alimento que acabamos de tomar. Amém. *Ave, Maria...*

19. Oração pela família
Senhor, fazei de nosso lar um lugar de vosso amor. Que não haja amargura, porque vós nos abençoais. Que não haja egoísmo, porque vós nos encorajais e estais conosco. Que saibamos caminhar para vós, em nossa rotina diária. Que cada manhã seja o início de mais um dia de entrega e sacrifício. Que cada noite nos encontre ainda mais unidos no amor e na paz. Fazei, Senhor, de nossos filhos, o que vós desejais. Ajudai-nos a educá-los e a orientá-los pelos vossos caminhos. Que nos esforcemos no consolo mútuo. Que façamos do amor um motivo para amar-vos ainda mais. Que possamos dar o melhor de nós mesmos para sermos felizes no lar. Que quando amanhecer o grande dia de ir ao vosso encontro, nos concedais estarmos unidos a vós para sempre. Amém!

20. Oração pelas vocações

Senhor Jesus, queremos falar bem de perto ao vosso coração, neste momento. Queremos ter vossa vida em nós e caminhar nos vossos caminhos. Queremos ver vossa presença sempre continuada em nosso meio e na Igreja. Queremos estar sempre assim perto do vosso coração e na vossa amizade. E, para ter isso, queremos insistir agora para que, pela vossa graça, muitos jovens sejam chamados a viver na doação total a vós e ao serviço ao Povo de Deus. Que tenhamos sacerdotes, religiosos e ministros santos, para que sintamos vossa presença de amor, vossa paz e salvação! Nós vo-lo pedimos com muita confiança, pela intercessão da Virgem Maria, vossa e nossa Mãe, a vós que viveis e reinais com o Pai, na unidade do Espírito Santo. Amém.

Enviai, Senhor, muitos operários para a vossa messe, pois a messe é grande e os operários são poucos!

INTENÇÕES DE ORAÇÃO E AGRADECIMENTOS

"Pedi e recebereis; buscai e achareis; batei e a porta vos será aberta. Pois todo aquele que pede recebe; quem procura acha; e ao que bate, abre-se a porta."

Mt 7,7-8

Anotações de intenções e agradecimentos

Precisamos confiar sempre no Senhor. Este espaço do livro é dedicado para você escrever suas intenções e seus agradecimentos, que você irá apresentar a Deus, antes de iniciar a oração do Santo Terço.

Terço rezado no dia ____ / ____ / _____

Intenções: _____

_____

_____

_____

_____

Agradecimentos: _____

_____

_____

_____

_____

Terço rezado no dia ____ / ____ / _____

Intenções: _____

_____

_____

_____

_____

Agradecimentos: _____

_____

_____

_____

_____

Terço rezado no dia ____ / ____ / _____
Intenções: _____
_____
_____
_____
_____

Agradecimentos: _____
_____
_____
_____
_____
_____

Terço rezado no dia ____ / ____ / _____
Intenções: _____
_____
_____
_____
_____

Agradecimentos: _____
_____
_____
_____
_____
_____

Terço rezado no dia ____ /____ /_____

Intenções: _____
_____
_____
_____
_____

Agradecimentos: _____
_____
_____
_____
_____
_____

Terço rezado no dia ____ /____ /_____

Intenções: _____
_____
_____
_____
_____

Agradecimentos: _____
_____
_____
_____
_____
_____

Terço rezado no dia ____ /____ /_____

Intenções: _____
_____
_____
_____
_____

Agradecimentos: _____
_____
_____
_____
_____
_____

Terço rezado no dia ____ /____ /_____

Intenções: _____
_____
_____
_____
_____

Agradecimentos: _____
_____
_____
_____
_____
_____

Terço rezado no dia ____ / ____ / _____

Intenções: _____
_____
_____
_____
_____

Agradecimentos: _____
_____
_____
_____
_____
_____

Terço rezado no dia ____ / ____ / _____

Intenções: _____
_____
_____
_____
_____

Agradecimentos: _____
_____
_____
_____
_____
_____

Terço rezado no dia ____/____/_____

Intenções: _____
_____
_____
_____
_____

Agradecimentos: _____
_____
_____
_____
_____
_____

Terço rezado no dia ____/____/_____

Intenções: _____
_____
_____
_____
_____

Agradecimentos: _____
_____
_____
_____
_____
_____

Terço rezado no dia ____ / ____ / _____

Intenções: _____
_____
_____
_____
_____

Agradecimentos: _____
_____
_____
_____
_____
_____

Terço rezado no dia ____ / ____ / _____

Intenções: _____
_____
_____
_____
_____

Agradecimentos: _____
_____
_____
_____
_____
_____

Terço rezado no dia ____ /____ /_____

Intenções: _____
_____
_____
_____
_____

Agradecimentos: _____
_____
_____
_____
_____
_____

Terço rezado no dia ____ /____ /_____

Intenções: _____
_____
_____
_____
_____

Agradecimentos: _____
_____
_____
_____
_____
_____

Terço rezado no dia ___ / ___ / _____

Intenções: _____
_____
_____
_____
_____

Agradecimentos: _____
_____
_____
_____
_____
_____

Terço rezado no dia ___ / ___ / _____

Intenções: _____
_____
_____
_____
_____

Agradecimentos: _____
_____
_____
_____
_____
_____

Terço rezado no dia ____ /____ /_____
Intenções: _____
_____
_____
_____
_____

Agradecimentos: _____
_____
_____
_____
_____
_____
_____

Terço rezado no dia ____ /____ /_____
Intenções: _____
_____
_____
_____
_____

Agradecimentos: _____
_____
_____
_____
_____
_____
_____

Terço rezado no dia ____ /____ /_____

Intenções: _____
_____
_____
_____
_____

Agradecimentos: _____
_____
_____
_____
_____
_____

Terço rezado no dia ____ /____ /_____

Intenções: _____
_____
_____
_____
_____

Agradecimentos: _____
_____
_____
_____
_____
_____

Terço rezado no dia ____ /____ /_____

Intenções: _____
_____
_____
_____
_____

Agradecimentos: _____
_____
_____
_____
_____

Terço rezado no dia ____ /____ /_____

Intenções: _____
_____
_____
_____
_____

Agradecimentos: _____
_____
_____
_____
_____

Terço rezado no dia ____ /____ /_____

Intenções: _____
_____
_____
_____
_____

Agradecimentos: _____
_____
_____
_____
_____
_____

Terço rezado no dia ____ /____ /_____

Intenções: _____
_____
_____
_____
_____

Agradecimentos: _____
_____
_____
_____
_____
_____

Terço rezado no dia ____/____/_____

Intenções: _____
_____
_____
_____
_____

Agradecimentos: _____
_____
_____
_____
_____
_____

Terço rezado no dia ____/____/_____

Intenções: _____
_____
_____
_____
_____

Agradecimentos: _____
_____
_____
_____
_____
_____

Terço rezado no dia ____ / ____ / _____

Intenções: _____
_____
_____
_____
_____

Agradecimentos: _____
_____
_____
_____
_____
_____

Terço rezado no dia ____ / ____ / _____

Intenções: _____
_____
_____
_____
_____

Agradecimentos: _____
_____
_____
_____
_____
_____

DIÁRIO ESPIRITUAL

"Logo depois, Jesus mandou os discípulos entrarem na barca e irem na frente dele para a outra margem. Enquanto isso, ia despedindo as multidões. Tendo-as despedido, subiu ao monte para rezar na solidão. Ao anoitecer, estava ali sozinho."

Mt 14,22-23

Anotações de minha vida espiritual

Assim como Jesus, vamos nos aproximar de Deus Pai cada dia mais, tornando nosso relacionamento mais maduro e profundo em nossa caminhada de cristãos aqui na terra. Este espaço do livro é dedicado para você escrever suas experiências espirituais, seus testemunhos, seu crescimento na fé e amadurecimento no compromisso com o Reino de Deus.

Terço rezado no dia ____ /____ /_____

_____
_____
_____
_____
_____
_____
_____
_____
_____
_____
_____
_____
_____

Terço rezado no dia ____ /____ /_____

_____
_____
_____
_____
_____
_____
_____
_____
_____
_____
_____
_____
_____

Terço rezado no dia ____ /____ /_____

_____
_____
_____
_____
_____
_____
_____
_____
_____
_____
_____
_____

Terço rezado no dia ____ /____ /_____

_____
_____
_____
_____
_____
_____
_____
_____
_____
_____
_____
_____
_____

Terço rezado no dia ____ /____ /_____

_____
_____
_____
_____
_____
_____
_____
_____
_____
_____
_____
_____
_____

Terço rezado no dia ____ /____ /_____

_____
_____
_____
_____
_____
_____
_____
_____
_____
_____
_____
_____
_____

Terço rezado no dia ____ /____ /_____

Terço rezado no dia ____ /____ /_____

Terço rezado no dia ____ /____ /_____

_____
_____
_____
_____
_____
_____
_____
_____
_____
_____
_____
_____
_____

Terço rezado no dia ____ /____ /_____

_____
_____
_____
_____
_____
_____
_____
_____
_____
_____
_____
_____
_____

Terço rezado no dia ____ / ____ / _____

Terço rezado no dia ____ / ____ / _____

Terço rezado no dia ____ /____ /_____

_____
_____
_____
_____
_____
_____
_____
_____
_____
_____
_____
_____
_____

Terço rezado no dia ____ /____ /_____

_____
_____
_____
_____
_____
_____
_____
_____
_____
_____
_____
_____
_____

Terço rezado no dia ____ /____ /_____

_____
_____
_____
_____
_____
_____
_____
_____
_____
_____

Terço rezado no dia ____ /____ /_____

_____
_____
_____
_____
_____
_____
_____
_____
_____
_____

Terço rezado no dia ____ / ____ / _____

_____
_____
_____
_____
_____
_____
_____
_____
_____
_____
_____
_____
_____
_____
_____

Terço rezado no dia ____ / ____ / _____

_____
_____
_____
_____
_____
_____
_____
_____
_____
_____
_____
_____
_____
_____
_____

Terço rezado no dia ____ / ____ / _____

Terço rezado no dia ____ / ____ / _____

Terço rezado no dia ____ /____ /_____

_____
_____
_____
_____
_____
_____
_____
_____
_____
_____
_____
_____
_____

Terço rezado no dia ____ /____ /_____

_____
_____
_____
_____
_____
_____
_____
_____
_____
_____
_____
_____
_____

Terço rezado no dia ____ /____ /_____

_____
_____
_____
_____
_____
_____
_____
_____
_____
_____
_____
_____

Terço rezado no dia ____ /____ /_____

_____
_____
_____
_____
_____
_____
_____
_____
_____
_____
_____
_____
_____

Terço rezado no dia ____ / ____ / _____

Terço rezado no dia ____ / ____ / _____

Terço rezado no dia ____ / ____ / _____

_____
_____
_____
_____
_____
_____
_____
_____
_____
_____
_____

Terço rezado no dia ____ / ____ / _____

_____
_____
_____
_____
_____
_____
_____
_____
_____
_____
_____
_____
_____

Terço rezado no dia ____ /____ /_____

_____
_____
_____
_____
_____
_____
_____
_____
_____
_____
_____
_____
_____

Terço rezado no dia ____ /____ /_____

_____
_____
_____
_____
_____
_____
_____
_____
_____
_____
_____
_____
_____

Terço rezado no dia ____ / ____ / _____

_____
_____
_____
_____
_____
_____
_____
_____
_____
_____
_____
_____

Terço rezado no dia ____ / ____ / _____

_____
_____
_____
_____
_____
_____
_____
_____
_____
_____
_____
_____
_____
_____

Terço rezado no dia ____ /____ /_____

Terço rezado no dia ____ /____ /_____

Este livro foi composto com as famílias tipográficas Lithos Pro e Segoe UI
e impresso em papel offset 75g/m² pela **Gráfica Santuário**.